목요일 6시 30분
에세이를 쓰는 시간

설현정

목요일 6시 30분 에세이를 쓰는 시간

설현정

추천의 글

  나는 사람들에게 글을 가르칠 때마다 꼭 이렇게 말했다. 글은, 삶이 우리에게 선물하는 것에 감사하는 마음을 적는 거야. 그러니까 수치심으로 토하기 직전까지 써. 정작 나는 그렇게 쓰지 못했다.

  설현정의 글을 읽을 때마다 나는 사람이 어떻게 이렇게까지 환부를 드러낼 수 있는지, 그리고 그 감정의 틈새로 어떻게 이렇게 무정하리만치 정직을 드러내는지 모호한 충격을 받았다.

  그녀의 글에 등장하는 아버지, 상처, 어린 날, 그 도시는 마침표와 마침표 사이로 오래된 우울을 드러내는데, 서술 방식이 무구

하고 직접적이라 나는 그녀가 오히려 옛 상처에 찔리는 게 아닌지 걱정했다.

그런데 놀랍게도 그녀는 어쩐지 기우뚱해진 내 마음을 어루만지며, 이제 반쯤 아문 상처를 환하게 펼쳐 보이는 것이다. 이윽고 나는 그녀의 미소를 보며 알 수 없는 슬픔과 설명할 수 없는 충일함을 느꼈다. 그리고 가만히 읊조렸다. 이런 글이야말로 기필코 문학이 되어야 한다고.

이충걸 | 에세이스트

프롤로그

프롤로그

스무 살, 나를 뒤흔든 마음

스무 살 5월, 나는 그동안 그려온 딱 그 모습으로 학교 잔디밭에 앉아 있었다. 대학생이라면 단연 잔디밭에서 토론해야 한다고 생각했던 것이다. 신입생인 나는 점심을 먹고 자판기 커피를 마시며 친구들과 복도를 걷다가 대자보를 봤다. '역사학교'에서 한국현대사를 공부하고 토론한다고 했다. 고등학교 때 역사 과목을 좋아했던 나는 무엇보다 '토론'이라는 단어가 주는 지적인 느낌에 끌렸다. 원하던 대로 잔디밭에서 토론도 하고, 토론 후 맥주도 한 잔씩 하며, 대학의 낭만을 누렸다.

그리고..., 1980년 일어난 광주항쟁에 대해 배우고 말았다. (여기서는 '배우고 말았다'라고 표현해야만 한다. 나를 비롯해, '1980년 광주항쟁'은 많은 사람의 삶을 바꾸었기 때문이다.)

전두환, 노태우가 대통령이 되기 위해, 민주주의를 외치는 한 도시의 시민들을 백 명 넘게 죽였다는 것, 그것도 군대를 동원해서 그렇게 했다는 것이었다. 참담했다. 게다가 그들이 아직도 처벌받지 않았다는 것은 더 충격적이었다. 당시, 대학생들은 '광주학살자를 처벌하라'는 구호를 외치고 있었다. 나도 그 요구를 외치는 시위에 참석했다.

나는 선배한테 말했다. "선배, 우리가 집회한다고 저렇게 떵떵거리며 사는 사람 코털 하나 건드릴 수 있을까요?" 많은 사람이 모인 광경에 놀라기도 했지만, 이런 일들이 무모하게만 느껴졌던 것이다. 그때 선배가 뭐라고 답해주었는지는 생각나지 않는다. 다만 당돌한 후배의 질문에 당혹해하던 표정만 기억난다. 그해 11월 아침 뉴스에서 '노태우 헌 정사상 최초, 전직 대통령으로 구속'이라는 헤드라인이 눈에 들어왔다. 놀라워 멈칫하고 있는 사이 선배에게 전화가 왔다. 선배는 말했다. "우리가 해냈다." 몇 개월 전 시니컬한 내 질문이 떠올라 부끄럽기도 했고, 정말 해냈다는 생각에 가슴 벅차기도 했다.

그 후 나는 '역사학교'에 빠지지 않고 참석하고, 시위에도 열심히 나갔다. 역사를, 시사를 공부하면 할수록 세상을 바꿔야만 하는 이유는 더 명확해졌다. '세상을 바꿔야겠다. 평범한 사람들이 더 공정하게 대우받는 세상으로 바꿔야겠다. 나도 세상이 바뀌는 그만큼만 삶의 조건이 나아지는 삶을 살겠다' 다짐했다. 그렇게 학생운동을 했다.

결혼 후, 시민운동

결혼 후에는 마포에서 살았다. 그리고 마을 만들기'를 했다. '마을? 그거 시골에나 있는 거 아니야?'라고 물 수 있겠다. 서울 마포에는 성산동을 중심으로 자기 삶에 닥친 과제들을 협동(조합)방식으로 해결하는 사람들이 있고, 이렇게 같이 도우며 살아가는 사람들의 관계망을 '마을'이라고 한다. 나는 여기서 10년 동안 동네에 소외된 노인과 어린이들을 돕는 복지NGO 〈마포희망나눔〉을 만들고 운영했다.

지역 저소득가정 실태를 조사하고, 실태조사 과정에서 만난 노인과 어린이들이 복지체계 안에 들어올 수 있도록 상담해서 국민기초생활 수급권자가 되도록 하는 일. 그리고 그들이 일상에서 만나고 의지할 수 있는 이웃을 소개하고 복지프로그램을 운영하는 일, 여름에는 축제하고 겨울에는 김장해서 나눠 먹는…, 그런 일이었다.

'언젠가는 멋진 연애 소설을 쓸 거야'

"언젠가는 멋진 연애 소설을 쓸 거야." 이건 내 마음속 깊이 간직한 꿈이었다. 하드커버로 된 손에 쏙 잡히는 크기에, 담백한 문체, 잡자마자 독자를 몰입하게 하는 소설을 하나 남길 수 있다면 영혼의 포만감을 느낄 것 같았다. 그것은 내 인생의 어떤 성취와도 비교할 수 없을 일이었다.

성격이 급하고 마음먹으면 일단 무라도 잘라야 하는 나는 소설을 썼다. 내 고등학교 시절 짝사랑 얘기도 끄적여봤고, 가상 인물과 나를 주인공으로 한 사랑 이야기를 써보기도 했다. 하지만, 나의 소설 쓰기는 늘 미완에서 끝났다. 남자 주인공의 얼굴, 성격, 부모님의 직업들을 생각하며 캐릭터를 구축해보고, 주인공 남녀가 처음 만나는 장면도 상상해보지만, 결국 내가 써놓은 건 그냥 몇 개의 장면뿐이었다. 그렇게 끄적였으면서도 진도가 안 나가면 포기할 만도 한데 포기는 못 했다. "언젠가는 쓸 거야! 꼭 쓸 거야!"라고.

그렇게 에세이 클래스를 만났다. '에디터를 가르친 방식으로 글쓰기를 가르쳐준다고? 이거 괜찮겠는데!' 에세이는 쓸 수 있지 않을까. 그래 뭐라도 한번 해보자. 그렇게 클래스에 등록했다.

목요일 6시 30분 에세이 클래스
매주 목요일 6시 30분에 수업이 열렸다. 수업마다 글쓰기 과제가 있었다. 글쓰기 과제는 수업 5일 전 미리 제출했고, 선생님은 제출한 글을 수정해주셨다.

첫 번째 과제는 '내가 글을 잘 써야 하는 이유'였다. 어떤 참여자는 본인은 반드시 작가가 될 거라고, '내 이름 뒤에 작가라고 써보면 너무나 흥분된다'라고 했고, 또 다른 참여자는 자기 생각을 가장 적절한 단어로 표현하면 세상을 다 가진 듯 뿌듯하다고 했다.

수업마다 글쓰기 강의가 있었는데, 가장 기억 남는 건 '글을 잘 쓰기 위해 고려해야 할 단순하고 강력한 원칙'이라는 주제의 수업이었다. 선생님은 '불필요한 내용과 표현은 삭제하라'고 하셨다. 삭제는 밋밋한 이야기를 강렬하게 만드는 단 한 가지 방법이라고 했다. 정수만 남기고 삭제하라. 그럴수록 글이 견고해진다. 하지만, 꼭 필요한 내용은 명확하고 간결하게 해야 한다. 명확하지 않으면 계속 캐묻게 된다. 너무 시시콜콜한 것까지 말해서 독자가 생각할 틈을 없애버리지 않되, 꼭 필요한 정보는 남기는 적절함을 어떻게 지킬 것인가?, 이것이 중요한 숙제라고 하셨다.

내 생각을 혼자 써보기는 했지만, 주제를 받아서 글을 쓰고, 최선을 다해서 다듬어보고, 그걸 전문가가 퇴고해주는 경험은 새로웠다. 선생님의 수정본을 받으면, 시험 채점 결과를 받는 듯 겸허해졌다. 또, 보정된 셀카를 만나는 듯 설레기도 했다.

클래스 초기에는 주제를 받아도 글쓰기를 계속 미루다가 마감 직전에 글을 썼다. 그런데 시간이 지나면서 며칠에 걸쳐 생각을 곱씹어가며 글을 쓰게 되었다. 선생님께서 주제를 주시면 바로 다음 날 주제에 관한 내 생각을 그냥 쭉 써 내려갔다. 그리고 며칠 후 1차 원고를 수정했다. 1차 원고 작성 후에는 길을 걷다가, 설거지하다가도 주제에 관한 생각들이 떠올랐다. 새로운 성찰이 생기기도 했다. 혐오란 결국 자신에 대한 혐오의 감정을 누그러트리기 위한 수단이라는 것이 그렇게 생겨난 성찰이었다.

글쓰기가 나에게 준 것

글을 쓰면서 내 속에 있는 것들을 꺼낼 수 있었다. '내가 글을 잘 써야만 하는 이유'라는 주제의 글을 쓰면서 내 속의 간질간질한 꿈을 다시 한번 상기할 수 있었다. '인생의 의미 있는 경험'이라는 글에서는 지금 하는 대학원 공부가 나에게 무엇인지 되새김했고, 지금에 감사할 수 있었다. '내가 사랑한 도시'에서는 내가 발 딛고 선 서울에 깊이 연결되는 경험을 했다. 그리고 '살고 싶은 집'에서는 언젠가 가보고 싶은 자유로운 미래의 시간으로 날아갈 수 있었다.

내 삶은 무거웠다. 대의가 삶을 짓눌렀다. 맛있는 것을 먹으면 가난한 사람들 생각에 음식이 잘 넘어가지 않았다. 개인적인 즐거움을 좇는 일은 이기적인 일로 여겨졌다. 그런데 에세이를 쓰면서 내 속의 나를 들여다볼 수 있었다. 내 안에 있는지 몰랐던 생각, 감정들이 꺼내지는 게 좋았다. '너한테 이런 생각이 있었니? 기특하네' 하며 나를 칭찬하기도 했다.

글을 쓸수록 내가 더 궁금해졌다. 글쓰기는 남에게 내 생각을 전하는 도구라고 생각했는데, 무엇보다 나 자신 앞에 나를 세우는 과정이었다. 나를 들여다보며 오랜 자격지심도 알아차릴 수 있었다. 얼굴이 예쁘지도, 똑똑하지도, 스펙이 좋지도 못하다는 자격지심. 그럼에도 사랑받고 싶어서 세상에 도움 되는 사람으로, 곁에 있는 사람들에게 도움 되는 사람으로 살려 무던히 애썼다는 것도. 나는 나를 깊이 연민하게 되었다.

내 생각을 이렇게 묶어 책으로 세상에 내놓는 일이 좀 낯간지럽다. 하지만 서점에 내 책이 놓여 있으면 너무나 뿌듯할 것 같다. 저만치에 서서 교실로 걸어 들어가는 아이를 보듯 내 책이 잘 살아갈지 걱정하기도 하며 묘한 기쁨과 애잔함을 느낄 것 같다. 나의 첫 책 내기는 이렇게 성취된다. 야호!!

차례

추천의 글 ·········· 4

프롤로그 ·········· 7

1. 내가 글을 잘 써야만 하는 이유 ·········· 19
2. 인생에서 의미 있는 경험 ·········· 23
3. 내가 사랑한 도시 ·········· 27
4. 내가 차린 식탁에 초대하고 싶은 한사람 ·········· 33
5. 살고 싶은 집 ·········· 37
6. 좋아하는 음악 ·········· 43
7. 아무 말 없이 떠나버린 친구 ·········· 48

에필로그 ·········· 53

1. 내가 글을 잘 써야만 하는 이유

내가 글을 잘 써야만 하는 이유

글쓰기는 내 마음을 꺼내놓고, 정리하는 도구다. 대학 동아리의 M 선배가 '지금의 네 생각과 앞으로의 계획을 글로 정리해 보라'는 과제를 주었는데, 중요한 순간마다 그렇게 하기를 2년 정도 했더니, 습관이 됐다.

 마음을 글로 옮기지 않으면 생각이 여기저기 흩뿌려져 있는 듯 산란했다. 수첩에 이면지에 적어놓은 메모, 핸드폰으로 찍어놓은 일상의 순간들을 모아서 쓰면, 그제야 안정감을 되찾았다. '이건 포기

하자, 이건 이렇게 발전시켜보자, 이건 잊어버리자' 하며 할 일을 적고 정리하듯, 나는 글쓰기로 내 마음을 안정시키고, 정돈하곤 했다.

마음이 힘들 때는 소설을 읽었다. 복작이는 현실에서 떠나고 싶어질 때였다. 다른 사람의 세상으로 들어가 그의 일상을 읽으면, 그 순간만큼은 현실에서 도피할 수 있었다.

그러다 사랑 이야기가 담긴 소설을 보게 되었는데, 책을 보며 행복해졌다. 사람과 사람이 우연히 만나고, 서로에게 신경을 쓰고, 궁금해하고, 상대가 나를 더 유심히 보고 있다는 것을 눈치채게 되고, 그걸 확인하고 싶어지고, 둘 중 누군가 용기를 내 확인하게 되는.(사실 이때가 가장 행복한 상태다.)

그리고, 서로 기대하고 실망하고. 버리고, 버림받고, 고통받고. 다시 또 새로운 사람을 만나 이전 사랑이 남긴 고통을 잊게 되는 과정들. 뻔한 이야기지만, 중독 같고, 폭풍 같은 사랑 이야기를 쓰고 싶다. 그 생각만 하면 가슴이 뛰고. 누군가 내 소설에 몰입해 읽고 있을 생각을 하면 너무나 설레고 뿌듯하다. 그래서 나는 글을 잘 써야만 한다. 이 세상에 멋진 사랑 이야기를 꼭 남겨야 하기 때문이다.

2. 인생에서 의미있는 경험

인생에서 의미 있는 경험

지금 나에게 의미 있는 경험은 당시에는 말할 수 없는 고통을 주었다. 마포지역아동센터 지원 조례를 만들기 위해 나와 정치적 색깔이 다른 구의원들을 자주 만나야 했을 때도 그랬고, 믿었던 친구가 갑자기 떠나버렸을 때도 그랬다. 처음 겪는 일이었고, 어떻게 대처해야 할지 몰라 막막하고 더 힘들었다. 하지만, 그런 고통의 시간은 나를 생경한 자극에 대처할 수 있는 사람으로 만들었다.

현재 나를 가장 고통스럽게 하는 것은 데이터사이언스 공부다. 이것 때문에 전일제 직장에도 취직하지 못한다. 나이는 들어가는데, 다시 전일제 직장에 안착할 수 있을지도 점점 불투명해진다. 내 경력이면 채용될 만한 채용공고를 보고도 눈물을 머금고 지원하지 않았다. 정말 이번에 끝장내지 않는다면, 영영 놓게 될 것 같아서다.

그동안 나는 문과, 사회과학영역의 일을 해왔다. 사회과학이 책을 읽고, 숙지, 실행하면서 노하우를 쌓는 일이라면, 데이터사이언스는 수학에 기반을 두고 있어, 수학 개념을 하나하나 쌓아 올려 완성해야 한다. 그래서 아예 모르겠는 기호며 수식이 툭 튀어나오면, 이건 또 어느 맥락에서 나타난 개념이지? 어디서부터 공부해야 이해할 수 있는 거지? 그저 한심할 따름이었다.

데이터사이언스 공부를 선택한 이유는, 도시재생 일을 하는데 필요한 나만의 무기를 갖추고 싶어서다. 도시문제 해결 방법을 찾고, 도시계획의 성과를 증명하는 데 데이터를 다루는 능력이 꼭 필요하다고 생각했다.

데이터 공부는 크게 '통계학 이론'과 R, 파이선과 같은 '데이터를 분석하는 프로그램', 문제해결을 위해 수집할 '데이터를 구축하고 분석 방법을 기획'하는 영역으로 구분된다.

3학기 동안은 통계학 이론을 공부하고, R 프로그램도 익혔다. 대학원 3학기를 마치고, 2년간 〈서울특별시 도시재생지원센터〉에서 일한 뒤 다시 학교로 돌아갔을 때, 나의 공부는 이전의 20퍼센트 수준이었다. 나는 흐릿한 기억을 붙잡고 그동안 배웠던 것들을 다시 익혔다. 그렇게 반년이 지나 지금 나는 졸업시험을 앞두고 있다. 상대적으로 쉬울 것 같아서 선택한 '생존분석'은 이론의 근거가 되는 수식 증명에 막혀 끙끙대고 있다. 논문계획은 이전에 조사해둔 데이터를 활용하고, 추가조사를 해 써보려 하지만 여전히 코끼리 다리 만지기 상태.

데이터사이언스 공부에 2년을 쏟았지만, 아직도 손에 잡히지 않는다. 하지만 이 공부는 나에게 두 가지를 주었다. 문과에서 이과로 사고방식의 전환과 공부의 영역에서 고통스러워도 포기하지 않고 차근차근 해결하는 뜻밖의 지구력이다.

졸업시험과 논문 통과까지 앞으로 나는 수없이 좌절하고, 끙끙댈 테지만 몰랐던 것을 알게 되는 찰나의 희열을 연료로 끝까지 갈 작정이다. 끝에 무엇이 기다릴지는 모르지만, 답을 안다면 또 얼마나 지루할까.

3. 내가 사랑한 도시

내가 사랑한 도시

내가 사랑한 도시를 떠올려보면, 10년 전 아들 규남이와 같이 갔던 도시들이 그렇다. 바젤의 고요한 아침 같은 기품, 프라하의 미뉴에트 같은 우아함, 베네치아의 해상무역 도시가 가진 장쾌함. 그 도시를 떠올릴 때마다 BGM이 저절로 흐른다. 하지만, 내가 가장 사랑하는 도시는 바로 내가 태어나고 살아온 서울이다.

역사 도시 서울에는 삶의 지층 페이스트리처럼 쌓여 있다. 2021년 광화문광장 개조 공사 중에, 땅속 약 2미터 지점에서 발견된 조선시대 담장과 배수로는 서울의 역사성을 그대로 드러냈다.

나는 기사에 실린 담장 사진을 보며 상상했다. 이 담장을 따라 조선의 관리들이 출근하고, 업무를 보았겠네. 육조거리는 도시의 광장과 같은 역할을 했고, 여기서 공연이 펼쳐졌다는데, 이 담장을 따라 연인도 구경 왔을까? 공연이 끝나고 밤이 되어 사대문 밖으로 양민들이 나가고 나면, 육조거리는 엄숙한 어둠에 휩싸였을까? 이렇게 거대한 도시가 내 발아래 덮인 채 숨 쉬고 있었다는 사실에 환희를 느꼈다.

산업격변기, 농사꾼의 자식들은 기차를 타고 서울로 모여들었다. BTS 정국도 처음 서울역에 내렸을 때 '서울 스퀘어'를 보고 그 위용에 기가 눌렸다고 했다. 서울은 대한민국 인구의 20퍼센트를 품고 있는 거대한 기관차다.

내 아버지는 1973년 베트남전쟁 참전으로 받은 월급을 모아 전라도 영광에서 서울 청량리 시장으로 왔다. 스물여덟 청년은 산지에서 배추와 양파를 사서 도매상에게 파는 중개상이 되었다. 1975년, 청년은 전남 영광 바닷가 마을에 마늘을 사러 갔다가 곱고 순한 아가씨를 만나 사랑에 빠져 결혼했다.

나는 종암동 골목에서 컸다. 여섯 살의 나는 갈색 플라스틱 말을 타고 온 골목을 누볐다. 배가 고프면 영애 언니네 집에 가서 밥을 먹었다. 나는 시금치를 싫어했는데, 영애 언니 엄마가 몸에 좋다고 꼭 수저에 올려주어 억지로 먹었다. 그 나이엔 그것만큼 난감한 일도 없었다.

고등학교 1학년 때, 동갑 아이한테 처음이자 마지막으로 연애편지를 받은 곳도 종암동 골목이었다. 야간 자율학습을 마치고 집에 오는데 남자애들 네 명이 동네 입구에 미어캣처럼 서 있다가, 내가 골목에 접어들자 한 명이 따라와 "저기요"하고는 편지를 주고 갔다. 순진하기 짝이 없는 뒷모습으로.

나는 이 도시를 무대로 사랑했다. 토요일 10시에 종로 단성사에서 첫사랑 오빠와 영화 〈나홀로집에 2〉를 봤다. 종로서적에서 오빠가 음반을 사주겠다고 고르라고 했는데, 잘 보이고 싶어서 '미뉴에트 컬렉션'을 골랐고 롯데리아에선 햄버거를 먹었다. 12월 종로는 눈이 많이 눈앞이 안 보이도록 많이 내렸다. 현실과 로망이 구분되지 않았다.

스물여섯 살이 된 나는 대학로에서 직장생활을 했다. 거기서 남편을 만났다. 둘 다 삼겹살을 좋아해서 퇴근하면 삼겹살에 소주를 즐겨 먹었다. 데이트 후에는 헤어지기 아쉬워서, 대학로부터 을지로까지 다섯 번도 넘게 왔다 갔다 했다. "내가 데려다줄게요. 아니 내가 데려다줄게요." 즐겁게 옥신각신하면서.

내 아들도 이 도시에서 자랐다. "규남아 노— 올자" 하며 친구들이 몰려와 빌라 1층에서 아들을 찾았고, 아이는 동그란 눈을 반짝이며 신발을 끌고 달려나가, 밤새 망원유수지 체육공원에서 축구를 했다. 초등학교 1학년 때는 주말에 동교초등학교 운동장에서 아빠한테 두발자전거를 배웠다. "아빠 손 놓지 마" 하며 위태롭게 달리던 자전거는, 곧 하늘로 날아갈 만큼 빨라졌다.

1394년 9월, 지금으로부터 600년 전. 태조는 정도전에게 종묘, 사직, 궁궐, 관아, 시장, 도로를 포함한 수도의 시설물 배치계획을 명했다. 허허벌판이었던 이곳은 그렇게 조선의 수도로 계획되고 구축됐다.

600년 전 조선의 담장에서 나는 전 시대와 이어짐을 느낀다. 600년 전에도 여기서 사람들이 일하고, 자식을 키우고, 아이들은 뛰어놀았겠구나. 나 혼자 세상에 툭 떨어져 덩그러니 살아가는 게 아니라, 긴 역사 속의 한 조각으로 흐르고 있었구나. 이런 생각을 하면 엄마와 탯줄로 연결된 듯한 안정감이 생긴다. 600년의 세월이 지층으로 쌓인 서울에서 어떤 도시에서도 가지지 못한 깊은 평화의 감각을 느낀다.

4. 내가 차린 식탁에 초대하고 싶은 단 한 사람

내가 차린 식탁에 초대하고 싶은 단 한 사람

나는 밥하는 걸 싫어한다. 반찬 하나 만들려 해도 장 보고, 손질하고, 요리하고, 할 게 너무 많다. 게다가 만드는 데는 세 시간도 넘게 걸리는데 먹는 데는 두 끼면 없어진다. 얼마나 허무한지. 식탁 차리기도 번거롭고, 요리한 재료들을 치워야 하고, 설거지도 해야 하고 음식물쓰레기도 치워야 한다. 반찬을 사서 반찬 통에 넣는 것도 귀찮아서, 나는 주로 외식을 한다.

  이유는 더 있다. 나는 음식을 하는 것보다 돈을 버는 일, SNS로 나를 알리는 일이 더 귀하다고 생각했다.

  그럼에도 아주 정성스레 음식을 했던 날이 있었다. 신혼집으로 양가 부모님을 초대한 날이었다. 나는 동태탕, 잡채, 전, 잘 익은 김치, LA갈비까지 준비했다. 다 드신 아빠는 "제가 이런 말씀 드리면 좀 그렇지만, 딸이 차려주는 밥상 처음 받아봅니다"라고 시부모님에게 말했다. 시부모님은 조금 당황하신 것 같았다. 잠깐의 정적이 흘렀으니까. 나는 왜 굳이 그런 말을 하나 싶었다.

그날 이후 아빠에게 밥상을 차려드린 적은 없다. 난 아빠를 싫어했다. 엄마를 고생시켰기 때문에. 하루를 보내고 집에 돌아오는 아빠를 제대로 반긴 적도 없었다. 하지만, 아빠는 한 번도 내 무성의한 태도를 지적하지 못했다. 그렇게 아버지는 60년의 짧은 생을 살고 가셨다.

누구나 살면서 떠올리기 끔찍한 실수를 한다. 그리고 잊고 싶어서 하고, 마침내는 잊어버린다. 그런데 나는 그날 아빠의 실수를 38년 동안 잊지 않고, 미워하고, 아파했다.

아빠가 청량리 맘모스 백화점에 가서 노랑 원피스를 사주셨던 일, 외할머니 칠순 잔치 때 코를 찡긋하며 엄지손가락을 세우고 어깨를 들썩이며 춤을 추던 모습, 생의 마지막 날 병원 침대 위에서 조용히 주무시던 얼굴도 내 마음에 남았지만, 내가 처음이자 마지막으로 식사를 대접하던 날 아빠의 미소는 귀엽다는 생각이 들 만큼 경쾌했다.

아빠를 다시 만나면, 하루를 마치고 돌아오는 아빠를 세상에서 가장 귀여운 웃음으로 맞이할 거다. 짙은 갈색이 될 때까지 간장 양념으로 소고기를 졸여서, 입안에서 살살 녹는 소갈비를 만들고, 달래 넣은 된장찌개를 끓이고, 간장에 고춧가루, 마늘, 들기름을 넣은 양념으로 만든 상추 겉절이를 무치겠다. 아빠와 마주 앉아, 오늘 있었던 일을 재잘거리며 말할 거다. 그리고, 낳아 주시고 키워주셔서 고맙다고, 아빠한테 버릇없이 굴었던 거 죄송하다고 사과할 거다. 그럼 아빠도 그날처럼 코를 찡긋하며 웃어주시겠지.

5. 살고 싶은 집

살고 싶은 집

내 서랍에는 통장이 있다. 1년 전, 나는 퇴직금을 상호저축은행에 저축했다. 이자율은 4.5퍼센트. 900만 원밖에 안 되지만, 서랍에서 통장을 꺼낼 때면, 몰래 숨겨둔 비상금을 만나는 듯 설렌다. 딱히 이걸로 하고 싶은 것은 없다. 그냥 내가 정말 혼자가 되고 싶을 때 방을 구하는데 보탤 종잣돈이 되었으면 좋겠다. 그러니까 이 돈은 나에게 자유의 약속과 같다.

언젠가 아이가 대학을 졸업하고, 나도 지금 공부하는 대학원 학위를 마치면, 넓은 책상과 예쁜 침대, 커다란 통창이 있는 집을 구해 나만의 공간으로 꾸미고 싶다. 싱크대에 쌓아놓은 설거짓거리도 없고, 아무도 내 기분을 흩트려놓을 수 없는 뽀송뽀송한 내 집. 작은 방에 요가 매트를 돌돌 말아 세워두고, 모니터도 50인치로 놓고, 전신 거울도 두 개 면에 붙일거다. 그걸로 필라테스 영상도

원 없이 크게 보고, 내가 움직이는 자세와 근육의 움직임도 자세히 볼 거다. 아침마다 완전무결한 나만의 공간에서 운동 후 샤워하고, 커피와 크로아상을 먹을 거다. 제철 과일도 요모조모 곁들이고.

내 서랍 속에는 일기장이 있다. 올해 3월부터 나는 이 아이를 가장 친한 친구삼아 지내왔다. 어떤 날은 들이붓듯 다짐을 적고, 어떤 날은 가장 친한 사람들 욕을 늘어놓는다. 욕은 대부분 선을 넘는 행동에 대한 분노다. 섣부른 충고들, 마치 나를 간파했다는 듯 "너 이런 거 고쳐야 해"라고 할 때면, 그 앞에서는 웃으며 "그럴까. 그치. 고치긴 해야 해"라고 말하지만, 서로가 지켜야 할 존중의 선을 침범했다는 생각에 불쾌하다. 전에 직장 선배한테, "선배, 사무실에서 조는 거 고쳐야 해요"라고 말했다가 어색해진 일이 있었다. 나는 그에게 "선배를 위해서 하고 싶은 말이 있는데, 해도 돼요?" 물었고, 해보라고 해서 말한 건데……. 동생은 "언니 누구한테도 조언 같은 거 하지 마. 상대가 '나 정말 듣고 싶다. 말 좀 해달라'고 하면 그때는 모를까"라고 했는데. 이제야 그 말이 무슨 얘기인지 알 것 같다.

전에는 많은 사람 속에서 살았다. 다이어리를 꽉 채운 회의며 약속들. SNS 글을 올리고 '좋아요'를 확인하고, '좋아요'를 누르고, 댓글 달고.

그런데 어느 날부터 그런 게 다 부질없게 느껴졌다. 나를 스스로 인정하기 어려워서, 그 인정욕구의 허기를 외부에서 찾았다는 생각. 무언가 남들에게 좋은 일을 해주어야만 사랑받을 거라는 강박은 다 무엇이었을까.

나는 어디를 가든 활짝 웃었다. 아이를 데려온 일행이 있으면 그 애는 내가 챙겼다. 사랑받고 싶어서.

어릴 적 나는 못생겼었다. 옷차림도 볼품없었다. 새벽부터 음식을 만들어 배달까지 혼자 감당해야 했던 엄마는 하루하루를 전쟁처럼 살았고, 3남매는 난민 같았다. 딸자식에게 예쁜 옷을 입혀 학교에 보내는 따뜻한 보살핌은 기대할 수 없었다. 초등학교 때는 큰 꽃무늬 원피스에 에나멜 구두를 갖춰 입고 오는 친구들이 부러웠다. 아빠가 '전학하면 새 학교에 적응하기 힘들다'고 고집해서, 청량리역 근처에서 종암동까지 초등학교 1학년부터 버스를 타고 학교 다녔다. 지각하면, 교실에 들어가기 무서워서 교실 앞에 한참을 서 있었다. 담임선생님은 "현정아, 너 전학 가. 집도 먼데 왜 전학을 안 가니"라며 다그쳤다. 선생님을 볼 때마다 무서웠다. 또 전학 가라고 할까 봐. 이곳에 속할 수 없는 사람. 떠나야 하는데 굳이 붙어 있는 잉여 인간. 나는 위축됐다.

속하고 싶었다. 주인공이 되고 싶었다. 받아들여지고 싶었다. 그래서, 친절하게 살았다. 그런데, 얼마 전 '이제 바깥에서 인정을 갈구하지 말자'라고 다짐했다. 남들의 인정은 바닷물 같아서 마실수록 갈증만 나고, 인정해주는 대상에게 종속되기 때문에. 이제 내 나이도 곧 쉰이다. 언제까지 어린 시절 상처를 끌어안고 허둥대며 살 수는 없다. 그래서 나는 서랍에 친구도 넣어두고, 나에게 자유를 약속하는 퇴직금을 모아두고 가꾼다.

아침에 필라테스를 하고, 대학원에서 공부하고, 일기를 쓰며 나를 들여다보는 이 시간은 얼마나 지속될까? 이 시간은 나를 어떤 사람으로 만들어줄까? 가끔은 불안하고, 막막하지만 알 수 없는 인생을 만끽하고 싶다. 끝까지 나를 응원하고 챙겨주고 싶다. 오직 나만이 나의 보호자이자, 언제까지나 곁을 지켜줄 변치 않는 친구니까.

6. 좋아하는 음악

좋아하는 음악

2015년, 춘천에서 토마토 농사를 짓기 시작하고 첫 겨울을 맞았다. 12월 제주, 광치기 해변으로 향하는 새벽 라디오에서 이 노래가 흘러나왔다. "누굴 위해서 나 살아왔나요. 무엇이든 다 해주고 싶은 그런 게 사랑인 줄 나 배웠어요"라는 구절에서 나는 울어버렸다.

다시 사회로 나가고 싶다고, 옷을 예쁘게 차려입고 출근하고. 사업 계획을 구체화하는 아이디어 회의를 하고, 사람들 앞에서 발표도 하고, 무언가를 추진해서 결과를 도출하고. 사람들 속에서 섞여 일하고 싶다고. 내 안의 내가 그렇게 외쳤다.

1년 전 나는 2년을 준비해서 구의원 선거에 나섰고, 보기 좋게

낙방했다. 후보 중 당선되면 하고 싶은 일을 구체적으로 제시한 사람은 나밖에 없었는데도.

나는 시민단체 일도 했고, 마을 공동의 문제가 터지면 간사로 나서서 일했지만, 정작 내가 도움이 필요할 때, 내 곁에 있던 사람들은 나를 돕지 않았다. '미주 엄마도, 혜진이 엄마도, 길동 선배도……. 낙선보다, 내가 출마한 이유를 누구보다 잘 알 거라 생각했던 가까운 사람들의 모습에 당혹스러웠다. 버림받은 기분이었다. 나는 신랑이 농사짓고 있는 춘천으로 도망쳤다.

반년 동안은 자궁 수술을 하고 소설을 읽고, 그림을 보며, 몸과 마음을 회복했다. 또 토마토 볶음밥, 사골국, 달래 무침 같은 음식을 해서 가족들과 같이 먹었다.

첫 수확을 한 후, 다시 직장생활을 할지, 농사를 계속 지을지 고민하고 있었다. "당신이 어떻게 할 건지 알려줘야 내년에 모종을 얼마나 심을지 결정할 수 있어"라며 남편은 봄까지는 결정을 해달라고 했다. 사회로 나가고 싶은 마음을 알아차린 건 박효신의 〈눈의 꽃〉 때문이었다. 꽃이 피었지만 바람이 불어 꽃잎이 확 펴지듯, 내 속 깊숙한 마음을 그 음악이 펼쳐놓았다.

지금도 종종 〈눈의 꽃〉을 듣는다. 겨울에도 듣고, 여름에도 듣는다. 그러면 2015년 겨울, 새벽의 검은 제주를 느낄 수 있다. 나도 모르게 목 끝에서 묵직하게 치밀어 오르던 어떤 감정까지도.

지금도 늘 도망치기와 돌아가기 사이에서 갈등한다. 돌아가면 도망치고 싶고, 도망치면 돌아가고 싶은 마음의 무한 반복. 운명이라는 바퀴의 회전 안에 여전히 머물고 있다.

7. 아무 말 없이 떠나버린 친구

아무 말 없이 떠나버린 친구

"잘사는 사람들이 예쁘게 차려입고 와인 마시는 거 뒤치다꺼리하고 있네. 나 지금 뭐 하는 거지?" 와인을 받치는 흰 보를 가져와야 한다는 와인 클래스 참여자의 요청으로 그 보를 찾으러 가면서 이런 생각을 했다. 중세시대 귀족 시중드는 사람이 된 것 같은 기분에 도무지 상쾌하지 않았다.

다른 클래스처럼, 책 표지를 다시 디자인하는 것도 아니고, 차를 마시며 영혼을 맑게 하는 것도 아니고, 생각을 글로 쓰는 것도 아닌. 와인 마시는 일은 생산적이지 않아. 그런 쓸모없는 일을 지원하는 것 역시 무쓸모한 일인 것만 같았다.

그리고 한주 뒤, 세 번째 클래스에서 참여자가 가져온 '인도미타'를 마시고 깜짝 놀랐다. 상큼 달콤하고 입에 착 감기는 느낌이 유혹적인 이십대 후반의 숙녀 같았다. 지금껏 많은 술을 마셨지만, 아름다운 꽃이 내 안으로 들어와 위로하는 것 같은 이런 다정하고 황홀한 느낌은 처음이었다.

나는 또 다른 와인이 궁금해졌다. 세상에 태어나 처음으로 검색도 해보고 라벨도 보고 산 '바론 리카솔리 끼안띠'는 베이직한 정장을 입은 사십대 초반 신사 같았다. 와인의 세계는 신기했다. 같은 '와인'이, 와인마다 맛도, 향도, 풍미도, 내게 주는 감정도 달랐다. 세상에 이렇게 멋진 우주가 있구나.

편의점에 가면 가장 먼저 와인 코너로 달려가 와인을 구경한다. 마음에 드는 와인은 검색해본다. 내가 마신 와인의 사진과 맛과 향을 블로그에 정리한다. 기사를 보다가도 와인 이야기가 나오면 당장 눈이 간다.

나는 가난하게 자라, 가난한 사람들을 돕는 사회복지사로 시민운동가로 세상의 부조리에 맞서 싸웠다. 내가 어떤 것에 애를 쓴다면 그것은 '쓸모 있는 일'이어야 했다. 나를 위해 무언가를 한다면, 그것이 내가 '더 좋은 일을 하기 위한 휴식'이어야 했다. 쉼도 그냥 쉼이 아니라 어떤 의미 부여가 가능해야 했다. 참 꽉 막힌 인생이다.

언젠가 한 선배가 말했다. "돈 많고 시간 많다고 세상의 다양한 것들을 다 즐기며 사는 게 아니더라." 친구들을 보니, 나름 성공

했고, 부도 어느 정도 쌓았지만, 그 삶이 참 초라하다는 거다. 만나면 할 얘기라곤 옛날에 잘 나간 추억팔이, 자식 자랑, 남편 마누라 뒷담화, 그러곤 결국 '정치가 정말 한심하다'로 끝나는 돌림노래밖에 없다는 것이다. 자식도 부인도 놀아주지 않고, 잘 나갈 땐 그 많던 사람이 이제는 찾아주지 않아, 이루 말할 수 없이 무료한 삶을 산다고 했다.

생각해 보니, 만나서 할 얘기가 많고 재밌는 사람은 자기 세계가 풍부한 사람이었다. '요새 드론을 날려보고 있는데, 드론으로 농사도 짓고, 드론으로 택배도 나르고 드론으로 쇼도 한다. 나는 드론으로 도시 영상을 찍어볼 생각이다.' 이런 이야기를 해준 선배처럼.

나는 내가 대체 뭘 좋아하는지. 뭘 할 때 즐거운지 제대로 물어본 적이 없었다. 온 신경이 바깥을 향해 있으니 정작 나를 기쁘게 하는 게 무엇인지, '쓸모 있는 질문'을 제대로 해보지 못했다.

우연히 와인을 마시면서, 아무 쓸모도 없는 와인을 마시면서 나는 내 오랜 친구였던, '쓸모 중심 사고'에서 벗어났다. 이렇게 생애 처음으로.

에필로그

에필로그

연민은 죄가 없다.

에세이를 다 모아서 프롤로그까지 써놓고도, 책 인쇄를 맡기지 못했다. 자기연민으로 가득한 글을 세상에 내놓기가 망설여졌다. "나는 고생했다. 나는 힘들었다. 나를 사랑할 거다. 내 편이 되어 줄 거다." 어떤 주제를 주어도 결국 그 이야기만 하는 내 모습이 한심했다.
 다시 도진 '한심병', 자신이 마음에 안 들고 한심하다고 느끼는 '고질병'이다.

 아우렐리우스는 명상록에서 "당신이 직면하는 고난이나 불행을 참아내지 못하고 자기연민에 빠진다면, 당신은 인간의 본성을 거

스르는 것이다"라고 했고, 수학 강사 정승제도 강의에서 "자기만 고생한것처럼 생각하지 말라"고 했다.

"학생이 와서 그래요. '저는 부모님이 이혼하시고, 집도 가난해서 제가 편의점 아르바이트로 생활비 벌어가며 공부해요'라고요. 그리고 반응을 기대하죠. '아구, 고생이 많네요. 얼마나 힘들어요. 힘내요.' 이런 말을."

그런데 본인은 그렇게 말하지 않는다고 했다. '그래서요?'라고 되묻는다고 했다. 나만 부모님 이혼하고, 나만 집이 가난하고 그런 거 아니다. 사람마다 사연 없는 사람이 있는 줄 아느냐고.

자기연민은 왜 나쁠까? 끈적거려서다. 하루하루 나에게 주어진 것에 감사하고, 그것을 누리고. 목표한 것을 이루는 행복을 얻기 위해 노력하고, 노력하는 과정을 즐기며 살아갈 수 있다.

그런데, 자기연민은 에너지를 과거로 돌린다. 앞으로 나아갈 에너지를 과거에 써버린다. 과거는 과거일 뿐. 그 사람의 과거가 지금의 모든 것을 규정할 수 없다. 과거의 아픔을 미래로 나아가는 교훈으로 삼으면 그만이다. 거기서 허우적거릴 필요가 없다.

에세이를 쓰면서 내가 나를 한심하게 여기고, 책망해왔다는 것을 알게되었다. 하지만, 나는 어려움 속에서도 뚜벅뚜벅 전진해온 단단한 사람이라는 것도 알았다.

그 어려움을 다시 상기하며 나는 나를 연민하게 됐다. 연민이 나쁘지만, 책망보다는 낫다. 누군가를 깊이 알게 되는 과정에서 연민이 싹트기 때문이다.

누군가를 깊이 알게 되고, 그의 아픔을 나도 같이 느끼고, 위로해주고 싶은 마음이 들면 연민이 생긴다. 연민은 사랑으로 가는 길이다.

그래서, 지금의 이 연민은 의미가 있다.

연민 다음에는 무엇이 있을까? 단단한 '메타인지'가 있다. 장점도 단점도 다 끈적거림 없이 인정할 수 있는 상태. 자신을 있는 그대로 볼 수 있는, 누구나 장단점이 있으며, 나 또한 마찬가지라는 것을 인지하는 상태다.

메타인지가 가능해지면 단점에 주눅 들지 않고, 부족함은 채워가면 될 사항으로 인식한다. 거기에 더해, 단점을 드러내고 타인에게 도움을 받을 수 있는 용기 있고 효율적인 상태로 나아갈 수 있다.

 핵심은 에너지를 자신의 단점 때문에 괴로워하지도, 장점 때문에 우쭐대지도 않는, 에너지를 필요한 곳에 쓸 수 있는 마음 상태다.

 그래서 결론은? 나는 지금의 자기연민을 그대로 드러내기로 했다. 연민은 죄가 없다. 어떤 존재를 사랑하게 되는 과정에서 자연스레 발생하는 감정이다. 그리고 나는 메타인지로 나아가고 있다. 그걸 인식하고 긍정하려 한다.

 복작이는 내면의 기록인 이 책이 누군가에게 힘이 되었으면 한다. "다들 그렇게 복작이며 살아가는구나. 나만 그런 거 아니구나"라고.
 그리고 자신과의 대화를 시작하는 계기가 되면 정말 기쁠 것 같다.

목요일 6시 30분
에세이를 쓰는 시간

초판 발행일 | 2024년 9월 1일

지은이 | 설현정

사　진 | 설현정
(4p, 19p 사진을 '서울도시재생사회적협동조합'에서 제공해 주셨습니다.)

표지디자인 | 출판기획 형

펴낸곳 | 출판기획 형

주　소 | 강원특별자치도 춘천시 서부대성로47번길 7

ISBN | 978-89-97562-64-0

가　격 | 12,000원